Erstaunliche BBQ-Rezepte Für Einsteiger

Das Ultimative Smoker-Kochbuch Mit 50 Leckeren Und Einfach Zuzubereitenden BBQ-Rezepten, Die Sie Zu Einem Fortgeschrittenen Pitmaster Machen

Nathan King - Stefan Berger

Hinweis auf den Haftungsausschluss:

Bitte beachten Sie, dass die in diesem Dokument enthaltenen Informationen nur zu Bildungs- und Unterhaltungszwecken dienen. Alle Anstrengungen wurden unternommen, um genaue, aktuelle und zuverlässige und vollständige Informationen zu präsentieren. Es werden keine Garantien jeglicher Art erklärt oder impliziert. Die Leser erkennen an, dass der Autor sich nicht an der rechtlichen, finanziellen, medizinischen oder professionellen Beratung beteiligt. Der Inhalt dieses Buches wurde aus verschiedenen Quellen abgeleitet. Bitte wenden Sie sich an einen lizenzierten Fachmann, bevor Sie die in diesem Buch beschriebenen Techniken ausprobieren.

Mit der Lektüre dieses Dokuments erklärt sich der Leser damit einverstanden, dass der Autor unter keinen Umständen für direkte oder indirekte Verluste verantwortlich ist, die durch die Verwendung der in diesem Dokument enthaltenen

Informationen entstehen, einschließlich, aber nicht beschränkt

auf Fehler, Auslassungen oder Ungenauigkeiten.

Inhaltsverzeichnis

Einleitung

Vielen Dank für den Kauf *Erstaunliche BBQ-Rezepte Für Einsteiger: Das Ultimative Smoker-Kochbuch Mit 50 Leckeren Und Einfach Zuzubereitenden BBQ-Rezepten, Die Sie Zu Einem Fortgeschrittenen Pitmaster Machen*

Eine alte Methode des Kochens, die von einer unvermeidlichen Notwendigkeit in eine angenehme Gelegenheit für Mittag- oder Abendessen mit Freunden unter freiem Himmel verwandelt wurde. Der Grill ist die beste Kochmethode, um den authentischen Geschmack von Fleisch zu schätzen und heute werden wir zusammen die Kochtechniken sehen, welche Grill zu verwenden, die idealen Arten von Fleisch zuzubereiten und sogar, wie man Pizza auf diesem Herd zu kochen. Es gibt viele Grillrezepte, die wir vorschlagen können, für einzigartige Gerichte und majestätische Hauptgerichte, bis zu einem ungewöhnlichen Dessert.

Chicken & Beef Rezepte

Rustikale Ahorn geräuchertE Hühnerflügel

Zubereitungszeit: 25 Minuten

Kochzeit: 30 Minuten

Portionen: 16

Zutaten:

•16 Hühnerflügel

•1 EL Olivenöl

•1 EL Traeger Chicken Rub

•1 Tasse Traeger 'Que BBQ Sauce oder andere kommerzielle

BBQ-Sauce nach Wahl

Wegbeschreibungen:

1.Stellen Sie alle Zutaten in eine Schüssel mit Ausnahme der

BBQ-Sauce. Massieren Sie die Hähnchenbrust so, dass sie mit

der Marinade überzogen ist.

2.Stellen Sie im Kühlschrank für mindestens 4 Stunden

marinieren.

3.Feuer den Traeger Grill auf 350°F. Verwenden Sie

Ahorntraeger. Schließen Sie den Grilldeckel und heizen Sie 15

Minuten vor.

4.Stellen Sie die Flügel auf den Grillrost und kochen für 12

Minuten auf jeder Seite mit dem Deckel geschlossen.

5.Sobald die Hühnerflügel fertig sind, legen Sie sie in eine

saubere Schüssel.

6.Pour über die BBQ-Sauce und werfen mit der Sauce zu

beschichten.

Ernährung: Kalorien: 230 Protein: 37.5g Kohlenhydrate: 2.2g

Fett: 7g Zucker: 1.3g

Süßes und saures Huhn

Zubereitungszeit: 20 Minuten

Kochzeit: 35 Minuten

Portionen: 6

Zutaten:

• 6 Tassen Wasser

• 1-3 Tasse Salz

• 1/4 Tasse braun Zucker:

• 1/4 Tasse Sojasauce

• 6 Hähnchenbrust, ohne Knochen

• 1 Tasse granulierter Weißzucker:

• 1/2 Tasse Ketchup

• 1 Tasse Apfelessig

• 2 EL Sojasauce

• 1 TL Knoblauchpulver

Wegbeschreibungen:

1.Das Wasser, Salz, braunen Zucker und Sojasauce in eine große Schüssel geben. Rühren, bis gut kombiniert. Die

Hähnchenbrust in die Sole geben und 24 Stunden im

Kühlschrank einweichen lassen.

2.Feuer den Traeger Grill auf 350°F. Verwenden Sie

Ahorntraeger. Schließen Sie den Grilldeckel und heizen Sie 15

Minuten vor.

3.Stellen Sie die Brüste auf den Grillrost und kochen Für 35

Minuten auf jeder Seite mit dem Deckel geschlossen. Drehen

Sie das Huhn auf halbem Weg durch die Garzeit.

4.In der Zwischenzeit die restlichen Zutaten in eine Schüssel

geben und rühren, bis kombiniert.

5.Zehn Minuten, bevor die Hähnchenbrust gekocht sind, mit

der Sauce bürsten.

6.Sofort servieren.

Ernährung:

- Kalorien: 675

- Protein: 61.9g

- Kohlenhydrate: 35.8g

- Fett: 29.7g

- Zucker: 32.7g

Chile-Lime Rubbed Chicken

Zubereitungszeit: 30 Minuten

Kochzeit: 40 Minuten

Portionen: 6

Zutaten:

- 3 EL Chilipulver

- 2 EL natives Olivenöl extra

- 2 TL Kalkschale

- 3 EL Limettensaft

- 1 EL Knoblauch, gehackt

- 1 TL gemahlener Koriander

- 1 TL gemahlener Kreuzkümmel

- 1 TL getrockneter Oregano

- 1 1/2 TL Salz

- 1 TL gemahlener schwarzer Pfeffer

- Eine Prise Zimt

- 1 Huhn, gepfändet

Wegbeschreibungen:

1.In einer Schüssel Chilipulver, Olivenöl, Limettenschale, Saft, Knoblauch, Koriander, Kreuzkümmel, Oregano, Salz, Pfeffer, Zimt und Zimt in eine Schüssel geben. Mischen Sie, um eine Paste zu bilden.

2.Legen Sie das Huhn geschnitten Seite nach unten auf einem Schneidebrett und flachen mit der Ferse der Hand. Brechen Sie vorsichtig das Brustbein, um das Huhn zu glätten.

3.Großzügig reiben Sie die Gewürze über das Huhn und stellen Sie sicher, dass das Huhn mit dem Gewürz reiben massieren. In eine Backform geben und 24 Stunden im Kühlschrank kühlen.

4.Wenn bereit zu kochen, feuern Sie den Traeger Grill auf 400°F. Verwenden Sie Ahorntraeger. Schließen Sie den Grilldeckel und heizen Sie 15 Minuten vor.

5.Legen Sie das Hähnchenbrust-Seite nach unten auf den Grillrost und kochen Sie für 40 Minuten oder bis ein Thermometer in den dicksten Teil eingesetzt liest 165°F.

6.Stellen Sie sicher, das Huhn auf halbem Weg durch die

Garzeit zu kippen.

7.Einmal gekocht, auf einen Teller übertragen und vor dem

Schnitzen des Huhns ruhen lassen.

Ernährung:

•Kalorien: 213

•Protein: 33.1g

•Kohlenhydrate: 3.8g

•Fett: 7g

•Zucker: 0.5g

Traeger Kalbi Rindfleisch Kurze Rippen

Zubereitungszeit: 10 Minuten

Kochzeit: 6 Stunden Portionen: 6

Zutaten:

• 1/2 Tasse Sojasauce

• 1/2 Tasse brauner Zucker

• 1/8 Tasse Reiswein

• 2 EL gehackter Knoblauch

• 1 EL Sesamöl

• 1/8 Tasse Zwiebel, fein gerieben

• 2-1/2 lb. Rindfleisch kurze Rippen, dünn geschnitten

Wegbeschreibungen:

1.Mix Sojasauce, Zucker, Reiswein, Knoblauch, Sesamöl und Zwiebel in einer mittleren Mischschüssel. Das Rindfleisch in die Schüssel geben und in der Marinade bedecken. Bedecken Sie die Schüssel mit Plastikfolie und kühlen Sie sie 6 Stunden lang. Heizen Sie Ihren Traeger zu hoch und stellen Sie sicher, dass der Grill gut beheizt ist. Legen Sie das marinierte Fleisch auf den Grill und schließen Sie den Deckel, damit Sie keine

Wärme verlieren.

2.Kochen für 4 Minuten, kippen, und kochen für 4 weitere

Minuten auf der anderen Seite.

3.Entfernen Sie das Fleisch und servieren Sie mit Reis und

Gemüse nach Wahl. Genießen.

Ernährung: Kalorien: 355 Fett: 10g Gesättigte Fettsäuren: 6g

Kohlenhydrate: 22g Netto Kohlenhydrate: 22g Protein: 28g

Zucker: 19g Ballaststoffe: 0g Natrium: 1213mg

Traeger Rindfleisch Short Rib Lollipop

Zubereitungszeit: 15 Minuten

Kochzeit: 3 Stunden

Portionen: 4

Zutaten:

•4 Rindfleisch kurze Rippen Lutscher

•BBQ Rub

•BBQ Sauce

Wegbeschreibungen:

1.Heizen Sie Ihren Traeger auf 275°F vor.

2.Season die kurzen Rippen mit BBQ reiben und legen Sie sie

auf dem Grill.

3.Kochen Sie für 4 Stunden, während gelegentlich drehen, bis

das Fleisch zart ist.

4.Tragen Sie die Sauce auf das Fleisch in den letzten 30

Minuten des Kochens.

5.Dienen und genießen.

Ernährung:

- Kalorien: 265 Fett: 19g

- Gesättigtes Fett: 9g Kohlenhydrate: 1g

- Netto Kohlenhydrate: 0g

- Protein: 22g

- Zucker: 1g

- Faser: 0g

- Natrium: 60mmg

Wettbewerb Stil Barbecue Schweinerippen

Zubereitungszeit: 20 Minuten

Kochzeit: 2 Stunden

Portionen: 6

Zutaten:

- 2 Racks mit Rippen im St. Louis-Stil

- 1 Tasse Traeger Schweinefleisch und Geflügel Rub

- 1/8 Tasse braunzucker

- 4 EL Butter

- 4 EL Agave

- 1 Flasche Traeger Sweet and Heat Barbecue Sauce

Wegbeschreibungen:

1.Legen Sie die Rippen auf die Arbeitsfläche und entfernen Sie den dünnen Film von Bindegewebe, der sie bedeckt. In einer kleineren Schüssel das Traeger Pork und Poultry Rub, braunen Zucker, Butter und Agave kombinieren. Mischen, bis gut kombiniert.

2.Massage die Reiben auf die Rippen und lassen Sie im

Kühlschrank für mindestens 2 Stunden ruhen.

3.Wenn sie bereit zum Kochen sind, feuern Sie den Traeger

Grill auf 225°F. Verwenden Sie die gewünschten Traeger

beim Kochen der Rippen. Schließen Sie den Deckel und heizen

Sie 15 Minuten vor.

4.Stellen Sie die Rippen auf den Gitterrost und schließen Sie

den Deckel. 1 Stunde und 30 Minuten rauchen. Achten Sie

darauf, die Rippen in der Mitte der Garzeit zu kippen.

5.Zehn Minuten vor Ende der Garzeit die Rippen mit

Barbecue-Sauce bürsten.

6.Entfernen Sie vom Grill und lassen Sie vor dem Schneiden

ruhen.

Ernährung:

- Kalorien: 399

- Protein: 47.2g

- Kohlenhydrate: 3.5g

- Fett: 20.5g

- Zucker: 2.3g

Geräucherter Honig - Knoblauch Schweinekoteletts

Zubereitungszeit: 15 Minuten

Kochzeit: 1 Stunde

Portionen: 4

Zutaten:

• 1/4 Tasse Zitronensaft frisch gepresst

• 1/4 Tasse Honig (vorzugsweise ein dunklerhonig)

• 3 Knoblauchzehen, gehackt

• 2 EL Sojasauce (oder Tamarisauce)

• Salz und Pfeffer nach Geschmack

• 24 Unzen Mitte geschnitten Schweinekoteletts knochenlos

Wegbeschreibungen:

1.Kombinieren Sie Honig, Zitronensaft, Sojasauce, Knoblauch

und Salz und Pfeffer in einer Schüssel.

2.Legen Sie Schweinefleisch in einen Behälter und gießen

Marinade über Schweinefleisch.

3.Cover und marinieren sie im Kühlschrank über Nacht.

4.In der Zwischenzeit die restliche Marinade in einem kleinen

Topf bei mittlerer Hitze erhitzen, um zu köcheln.

5.Transfer Schweinekoteletts auf einer Servierplatte, mit der

Marinade gießen und heiß servieren.

Ernährung:

• Kalorien: 301.5 Kohlenhydrate: 17g

• Fett: 6.5g

• Faser: 0.2g

• Protein: 41g

Geräucherte Türkei Brust

Zubereitungszeit: 10 Minuten

Kochzeit: 1 Stunde 30 Minuten

Portionen: 6

Zutaten:

Für die Sole

• 1 Tasse koscheres Salz

• 1 Tasse Ahornsirup

• 1/4 Tasse brauner Zucker

• 1/4 Tasse ganze schwarze Pfefferkörner

• 4 Tassen kalter Bourbon

• 1 und 1/2 Gallonen kaltes Wasser

• 1 Türkei Brust ca. 7 Pfund

Für die Türkei

• 3 EL brauner Zucker

• 1 und 1/2 EL geräucherter Paprika

• 1 1/2 TL Chipotle Chilipulver

• 1 1/2 TL Knoblauchpulver

- 1 1/2 TL Salz

- 1 und 1/2 TL schwarzer Pfeffer

- 1 TL Zwiebelpulver

- 1/2 TL gemahlener Kreuzkümmel

- 6 EL geschmolzene ungesalzene Butter

Wegbeschreibungen:

1.Vor dem Beginn; stellen Sie sicher, dass der Bourbon; das Wasser und die Hühnerbrühe sind alle kalt

2.Nun, um die Salzlake zu machen, kombinieren Sie das Salz, den Sirup, den Zucker, die Pfefferkörner, den Bourbon und das Wasser in einem großen Eimer.

3.Entfernen Sie alle Stücke, die auf dem Truthahn gelassen werden, wie der Hals oder die Giebel

4.Kühlen Sie das Putenfleisch in der Sole für ca. 8 bis 12 Stunden in einem wiederverschließbaren Beutel

5.Entfernen Sie die Putenbrust aus der Sole und klopfen Sie trocken mit sauberen Papiertüchern; dann über ein Backblech legen und ca. 1 Stunde kühl stellen

6.Heizen Sie Ihren Traeger Raucher auf ca. 300°F vor; sicherstellen, dass die Hackschnitzel zum Brenner

7.In eine Schüssel, mischen Sie die Paprika mit dem Zucker, dem Chilipulver, dem Knoblauchpulver, dem Salz, dem Pfeffer, dem Zwiebelpulver und dem Kreuzkümmel, und mischen Sie sehr gut zu kombinieren.

8.Vorsichtig heben Sie die Haut des Truthahns; dann die geschmolzene Butter über das Fleisch reiben

9.Reiben Sie das Gewürz über das Fleisch sehr gut und über die Haut

10.Rauchen Sie die Putenbrust für ca. 1 1/2 Stunde bei einer Temperatur von ca. 375°

Ernährung:

•Kalorien: 94

•Fett: 2g

•Kohlenhydrate: 1g

•Protein: 18g

Ganz Türkei

Zubereitungszeit: 10 Minuten

Kochzeit: 7 Stunden und 30 Minuten

Portionen: 10

Zutaten:

• 1 gefrorener ganzer Truthahn, Giebel entfernt, aufgetaut

• 2 EL Orangenschale

• 2 EL gehackte frische Petersilie

• 1 TL Salz

• 2 EL gehackter frischer Rosmarin

• 1 TL gemahlener schwarzer Pfeffer

• 2 EL gehackter frischer Salbei

• 1 Tasse Butter, ungesalzen, weich, geteilt

• 2 EL gehackter frischer Thymian

• 1/2 Tasse Wasser

• 14,5 Unzen Hühnerbrühe

Wegbeschreibungen:

1.Öffnen Sie den Trichter des Rauchers, fügen Sie trockene Paletten hinzu, stellen Sie sicher, dass Aschedose an Ort und Stelle ist, öffnen Sie dann die Ascheklappe, schalten Sie den Raucher ein und schließen Sie die Ascheklappe.

2.Stellen Sie die Temperatur des Rauchers auf 180°F, lassen Sie für 30 Minuten vorheizen oder bis das grüne Licht auf dem Zifferblatt blinkt, die darauf hinweisen, dass der Raucher erreicht hat, um die Temperatur einzustellen.

3.In der Zwischenzeit bereiten Sie den Truthahn und dafür, stecken Sie seine Flügel unter ihm mit Küchenbindfaden.

4.1/2 Tasse Butter in eine Schüssel geben, Thymian, Petersilie und Salbei, Orangenschale und Rosmarin gut rühren, bis kombiniert, und dann bürsten Sie diese Mischung großzügig auf der Innen- und Außenseite des Truthahns und würzen Sie die Außenseite der Pute mit Salz und schwarzem Pfeffer.

5.Pute auf eine Bratpfanne, Brustseite nach oben geben, in Brühe und Wasser gießen, die restliche Butter in die Pfanne geben, dann die Pfanne auf den Rauchergrill legen und mit Deckel schließen.

6.Rauchen Sie den Truthahn für 3 Stunden, dann erhöhen Sie die Temperatur auf 350°F und weiter rauchen Sie den Truthahn für 4 Stunden oder bis gründlich gekocht und die Innentemperatur des Truthahns erreicht 165°F, basting den Truthahn mit dem Tropfen alle 30 Minuten, aber nicht in der letzten Stunde.

7.Wenn Sie fertig sind, nehmen Sie die Bratpfanne aus dem Raucher und lassen Sie den Truthahn für 20 Minuten ruhen.

8.Pute in Stücke schnitzen und servieren.

Ernährung:

• Kalorien: 146

• Fett: 8 g

• Protein: 18 g

• Kohlenhydrate: 1 g

Hickory geräuchertes Huhn Bein und Oberschenkel Viertel

Zubereitungszeit: 30 Minuten

Kochzeit: 2 Stunden

Portionen: 6

Zutaten:

• 6 Hühnerbeine (mit Oberschenkel und Drumsticks)

• 2 EL Olivenöl

• Traeger Geflügel Rub nach Geschmack

Wegbeschreibungen:

1. Legen Sie alle Zutaten in eine Schüssel und mischen, bis die

Hähnchenstücke mit Öl beschichtet sind und reiben.

Mindestens 2 Stunden marinieren lassen.

2. Feuer den Traeger Grill auf 180°F. Schließen Sie den Deckel

und lassen Sie es 10 Minuten vorheizen. Verwenden Sie

Hickory Traegers, um Ihr Huhn zu rauchen.

3. Ordnen Sie das Huhn auf dem Grill Rost und Rauch für eine

Stunde. Erhöhen Sie die Temperatur auf 350°F und kochen Sie

noch eine Stunde weiter, bis das Huhn golden ist und die

Säfte sauber laufen.

4.To überprüfen, ob das Fleisch gekocht ist, legen Sie ein

Fleischthermometer ein und stellen Sie sicher, dass sich die

Temperatur auf dem dicksten Teil des Huhns bei 165 °F

registriert.

5.Entfernen Sie das Huhn und servieren.

Ernährung:Kalorien: 358 Protein: 50.8gKohlenhydrate: 0gFat:

15.7g Zucker:0 G

Zitronen-Huhn-Brüste

Zubereitungszeit: 20 Minuten

Kochzeit: 40 Minuten

Portionen: 6

Zutaten:

• 1 Knoblauchzehe, gehackt

• 2 TL Honig

• 2 TL Salz

• 1 TL schwarzer Pfeffer, gemahlen

• 2 Zweige frische Thymianblätter

• 1 Zitrone, zested und saftes

• 1/2 Tasse Olivenöl

• 6 knochenlose Hähnchenbrust

Wegbeschreibungen:

1.Machen Sie die Marinade durch die Kombination von

Knoblauch, Honig, Salz, Pfeffer, Thymian, Zitronenschale und

Saft in einer Schüssel. Whisk, bis gut kombiniert.

2.Das Huhn in die Marinade geben und mit den Händen mischen, um das Fleisch mit der Marinade zu beschichten. Kühlen Sie für 4 Stunden.

3.Wenn bereit zum Grillen, feuern Sie den Traeger Grill auf 400°F. Schließen Sie den Deckel und heizen Sie 10 Minuten vor.

4.Drain das Huhn und entsorgen Sie die Marinade.

5.Ordnen Sie die Hähnchenbrust direkt auf den Grillrost und kochen Sie für 40 Minuten oder bis die Innentemperatur des dicksten Teils des Huhns erreicht 165°F.

6.Drizzle mit mehr Zitronensaft vor dem Servieren.

Ernährung:

•Kalorien: 669

•Protein: 60.6g

•Kohlenhydrate: 3g

•Fett: 44.9g

•Zucker: 2.1g

Gegrilltes Rindersteak mit Molasse und Balsamico-Essig

Zubereitungszeit: 8 Stunden

Kochzeit: 50 Minuten

Portionen: 5

Zutaten:

• 2 1/2 lbs. Rindersteak Gras gefüttert

• Salz und gemahlener Pfeffer

• 2 EL Melasse

• 1 Tasse Rinderbrühe

• 1 EL Rotweinessig

• 1 EL Balsamico-Essig

Wegbeschreibungen:

Legen Sie ein Rindersteak in ein großes Gericht.

1.Kombinieren Sie die Rinderbrühe, Melasse, Rotweinessig

und Balsamico-Essig in einer Schüssel.

2.Cover und kühle für bis zu 8 Stunden.

3.30 Minuten vor dem Grillen, entfernen Sie die Steaks aus

dem Kühlschrank, und lassen Sie bei Raumtemperatur ruhen.

4.Starten Sie Ihren Traeger-Grill, stellen Sie die Temperatur

auf Hoch und vorheizen, Deckel geschlossen, für 10 bis 15

Minuten.

5.Grill etwa 7-10 Minuten pro Seite bei hohen Temperaturen

oder 15-20 Minuten pro Seite bei den niedrigeren

Temperaturen.

6.Transfer Fleisch auf eine Servierschüssel und lassen Sie etwa

10 Minuten ruhen.

7.Serve warm.

Ernährung:

• Kalorien: 295,3

• Fett 6.21g

• Kohlenhydrate: 6.55g

• Faser: 0g

• Protein: 52.89g

Gegrilltes Rindersteak mit Erdnussöl und Kräutern

Zubereitungszeit: 4 Stunden und 45 Minuten

Kochzeit: 55 Minuten

Portionen: 6

Zutaten:

• 3 lbs. Rindersteak, vorzugsweise Flanke

• 1 TL Meersalz

• 2 EL Erdnussöl

• 1/4 Olivenöl

• 2 EL frische Minzblätter, fein gehackt

• 2 TL Pfefferkörner schwarz

• 2 TL Pfefferkörnergrün

• 1/2 TL Kümmelsamen

• 1 Prise Chiliflocken

Wegbeschreibungen:

1.Reiben Sie die Rindersteaks mit grobem Salz und legen Sie sie in eine große Schüssel.

2.Machen Sie eine Marinade; in einer Schüssel Erdnussöl,

Olivenöl, frischer Minzurlaub, Pfefferkörner, Kreuzkümmel

und Chiliflocken kombinieren.

3.Cover und kühlen für 4 Stunden.

4.Bringen Sie das Fleisch auf Raumtemperatur 30 Minuten,

bevor Sie es auf den Grill legen.

5.Starten Sie Ihren Traeger-Grill, stellen Sie die Temperatur

auf Hoch und vorheizen, Deckel geschlossen, für 10 bis 15

Minuten.

6.As einer allgemeinen Regel sollten Sie Steaks bei großer

Hitze grillen (450–500°F).

7.Grill etwa 7–10 Minuten pro Seite bei hohen Temperaturen

oder 15-20 Minuten pro Seite bei den niedrigeren

Temperaturen, oder nach Ihrer Vorliebe für Getanheit.

8.Entfernen Sie Flankensteak vom Grill und lassen Sie

abkühlen, bevor Sie für 10 -15 Minuten schneiden.

9.Slice und servieren.

Ernährung:

• Kalorien: 346,3

• Fett 15.15g

• Kohlenhydrate: 0.21g

• Faser: 0.07g

• Protein: 32.38g

Geräucherte Schweinekoteletts mariniert mit Tarragon

Zubereitungszeit: 20 Minuten

Kochzeit: 3 Stunden

Portionen: 4

Zutaten:

•1/2 Tasse Olivenöl

•4 EL frischer Estragon gehackt

•2 TL frischer Thymian, gehackt

•Salz und geriebener schwarzer Pfeffer

•2 TL Apfelessig

•4 Schweinekoteletts oder Filets

Wegbeschreibungen:

1.Whisk das Olivenöl, Estragon, Thymian, Salz, Pfeffer,

Apfelwein und gut rühren.

2.Legen Sie die Schweinekoteletts in einen Behälter und

gießen Sie mit Estragon-Mischung.

3.Kühlen für 2 Stunden.

4.Start Traeger Grill auf, Deckel offen, bis das Feuer

festgestellt ist (4-5 Minuten). Erhöhen Sie die Temperatur auf

225°F und lassen Sie vorheizen, Deckel geschlossen, für 10-15

Minuten.

5.Entfernen Sie Koteletts aus der Marinade und klopfen Sie

trocken auf Küchentuch.

6.Arrange Schweinekoteletts auf dem Grillständer und

Rauchen für ca. 3 bis 4 Stunden.

7.Transfer Koteletts auf einer Servierplatte und ruhen wir 15

Minuten vor dem Servieren.

Ernährung:

• Kalorien: 528,8

• Kohlenhydrate: 0.6g

• Fett: 35g

• Faser: 0.14g

• Protein: 51g

Geräucherte Schweineschnitzel in Citrus-Herbs Marinade

Zubereitungszeit: 15 Minuten Kochzeit: 1 Stunde 30 Minuten

Portionen: 4

Zutaten:

• 4 Schweineschnitzel

• 1 frischer Orangensaft

• 2 große Zitronen frisch gepresst

• 10 Zweige Koriander gehackt

• 2 EL. frische Petersilie fein gehackt

• 3 Knoblauchzehen gehackt

• 2 EL Olivenöl

• Salz und gemahlener schwarzer Pfeffer

Wegbeschreibungen:

1. Legen Sie die Schweineschnitzel in einen großen Behälter zusammen mit allen verbleibenden Zutaten; um gut abzudecken.

2. Kühlen Sie mindestens 4 Stunden oder über Nacht.

3.Wenn fertig, entfernen Sie die Schweineschnitzel aus der

Marinade und klopfen Sie trocken auf ein Küchentuch.

4.Start Traeger Grill auf, Deckel offen, bis das Feuer

festgestellt ist (4-5 Minuten). Erhöhen Sie die Temperatur auf

250°F und lassen Sie vorheizen, Deckel geschlossen, für 10-15

Minuten. Schweineschnitzel auf Grillrost legen und fr 1

anderthalb Stunden rauchen. Heiß servieren.

Ernährung: Kalorien: 260 Kohlenhydrate: 5g Fett: 12g

Ballaststoffe: 0,25g Protein: 32,2g

Herbed Türkei Brust

Zubereitungszeit: 8 Stunden und 10 Minuten

Kochzeit: 3 Stunden

Portionen: 12

Zutaten:

• 7 Pfund Putenbrust, Bone-in, Skin-on, Fett getrimmt

• 3/4 Tasse Salz

• 1/3 Tasse brauner Zucker

• 4 Quarts Wasser, kalt

• Für Herbed Butter:

• 1 EL gehackte Petersilie

• 1/2 TL gemahlener schwarzer Pfeffer

• 8 EL Butter, ungesalzen, weich

• 1 EL gehackter Salbei

• 1/2 EL gehackter Knoblauch

• 1 EL gehackter Rosmarin

• 1 TL Zitronenschale

• 1 EL gehackter Oregano

• 1 EL Zitronensaft

Wegbeschreibungen:

1.Bereiten Sie die Sole und dafür, gießen Sie Wasser in einen

großen Behälter, fügen Sie Salz und Zucker und rühren gut,

bis das Salz und Zucker vollständig gelöst haben.

2.Putenbrust in die Salzlake geben, mit dem Deckel abdecken

und mindestens 8 Stunden im Kühlschrank einweichen lassen.

3.Dann entfernen Putenbrust aus der Sole, gut abspülen und

mit Papiertüchern trocknen.

4.Öffnen Sie den Trichter des Rauchers, fügen Sie trockene

Paletten hinzu, stellen Sie sicher, dass Aschedose an Ort und

Stelle ist, öffnen Sie dann die Ascheklappe, schalten Sie den

Raucher ein und schließen Sie die Ascheklappe.

5.Stellen Sie die Temperatur des Rauchers auf 350°F, lassen Sie

für 30 Minuten vorheizen oder bis das grüne Licht auf dem

Zifferblatt blinkt, die darauf hinweisen, dass der Raucher

erreicht hat, um die Temperatur einzustellen.

6.In der Zwischenzeit, nehmen Sie eine Bratpfanne, gießen Sie in 1 Tasse Wasser, dann legen Sie einen Drahtgestell in sie und legen Sie Putenbrust darauf.

7.Bereiten Sie die Kräuterbutter und dafür Butter in eine hitzebeständige Schüssel, fügen Sie die restlichen Zutaten für die Butter und rühren, bis nur mischen.

8.Lösen Sie die Haut des Truthahns von seiner Brust mit den Fingern, dann legen Sie 2 EL vorbereitete Kräuterbutter auf jeder Seite der Haut des Brustbeins und verteilen Sie es gleichmäßig, schieben Sie alle Lufttaschen.

9.Legen Sie die restliche Kräuterbutter in die Schüssel in die Mikrowellenwelle und erhitzen Sie 1 Minute oder mehr bei großer Hitzeeinstellung oder bis sie geschmolzen ist.

10.Dann bürsten Sie Kräuterbutter auf der Außenseite der Putenbrust und legen Sie die Bratpfanne mit Truthahn auf den Rauchergrill.

11.Shut den Raucher mit Deckel und Rauch für 2 Stunden und 30 Minuten oder bis die Putenbrust ist schön goldbraun und die Innere Temperatur der Türkei erreichen 165°F, Kippen sie

den Truthahn und basting mit geschmolzener Kräuterbutter

nach 1 Stunde und 30 Minuten Rauchen.

12.Wenn sie fertig ist, die Putenbrust auf ein Schneidebrett

geben, sie 15 Minuten ruhen lassen, dann in Stücke schnitzen

und servieren.

Ernährung:

• Kalorien: 97

• Fett: 4 g

• Protein: 13 g

• Kohlenhydrate: 1 g

Geräucherte Türkei Mayo mit grünem Apfel

Zubereitungszeit: 20 Minuten

Kochzeit: 4 Stunden 10 Minuten

Portionen: 10

Zutaten:

• Ganzer Truthahn (4 lbs., 1.8-kg.)

The Rub

• 1/2 Tasse Mayonnaise

• 3/4 TL Salz

• 1/4 Tasse brauner Zucker

• 2 EL gemahlener Senf

• 1 TL schwarzer Pfeffer

• 1 1/2 EL Zwiebelpulver

• 1 1/2 EL gemahlener Kreuzkümmel

• 2 EL Chilipulver

• 1/2 EL Cayennepfeffer

• 1/2 TL Old Bay Seasoning

Die Füllung

•3 Tassen in Scheiben geschnittene grüne Äpfel

Wegbeschreibungen:

1.Place Salz, braunen Zucker, braunen Senf, schwarzer Pfeffer,

Zwiebelpulver, gemahlener Kreuzkümmel, Chilipulver,

Cayennepfeffer und alte Lorbeerwürze in einer Schüssel dann

gut mischen. Beiseite.

2.Weiter füllen Sie die Putenhöhle mit in Scheiben

geschnittenen grünen Äpfeln und baste Mayonnaise über die

Putenhaut.

3.Sprinkle die trockene Gewürzmischung über den Truthahn

dann mit Aluminiumfolie wickeln.

4.Marinieren Sie den Truthahn mindestens 4 Stunden oder

über Nacht und bewahren Sie ihn im Kühlschrank auf, um ihn

frisch zu halten.

5.Am nächsten Tag den Truthahn aus dem Kühlschrank

nehmen und bei Raumtemperatur auftauen.

6.In der Zwischenzeit, stecken Sie den Traeger Raucher dann füllen Sie den Trichter mit dem Traeger. Schalten Sie den Schalter ein.

7.Stellen Sie den Traeger Raucher für indirekte Wärme ein und stellen Sie dann die Temperatur auf 135 °C ein.

8.Entpacken Sie den Truthahn und legen Sie ihn in den Traeger Raucher.

9.Rauchen Sie den Truthahn 4 Stunden oder bis die Innentemperatur 77 °C erreicht hat.

10.Entfernen Sie den geräucherten Truthahn aus dem Traeger Raucher und servieren.

Ernährung:

• Kalorien: 340

• Kohlenhydrate: 40g

• Fett: 10g

• Protein: 21g

Heiße und süße Spatchcocked Huhn

Zubereitungszeit: 30 Minuten Kochzeit: 55 Minuten

Portionen: 8

Zutaten:

• 1 ganzes Huhn, gepfändet

• 1/4 Tasse Traeger Chicken Rub

• 2 EL Olivenöl

• 1/2 Tasse Traeger Sweet und Heat BBQ Sauce

Wegbeschreibungen:

1. Legen Sie das Huhn Brustknochen-Seite nach unten auf eine flache Oberfläche und drücken Sie das Brustbein, um es zu brechen und das Huhn zu glätten. Streuen Sie den Traeger Chicken Rub über das Huhn und massieren Sie, bis der Vogel gut gewürzt ist. Lassen Sie das Huhn mindestens 12 Stunden im Kühlschrank ruhen.

2. Wenn sie bereit zum Kochen sind, feuern Sie den Traeger Grill auf 350°F. Verwenden Sie bevorzugte Traeger. Schließen Sie den Grilldeckel und heizen Sie 15 Minuten vor.

Vor dem Kochen das Huhn, baste mit Öl. Auf den Grillrost legen und 55 Minuten beidseitig kochen.

3.20 Minuten vor der Garzeit, baste das Huhn mit Traeger Sweet und Heat BBQ Sauce.

4.Weiter kochen, bis ein Fleischthermometer in den dicksten Teil des Huhns eingefügt liest 165°.

5.Lassen Sie sich ruhen, bevor Sie das Huhn schnitzen.

Ernährung: Kalorien: 200 Protein: 30.6g Kohlenhydrate: 1.1g Fett: 7.4g Zucker: 0.6g

Gebratenes Huhn mit Pimenton-Kartoffeln

Zubereitungszeit: 20 Minuten

Kochzeit: 1 Stunde

Portionen: 16

Zutaten:

• 2 ganze Hühner

• 6 Knoblauchzehe, gehackt

• 2 EL Salz

• 3 EL Pimento (geräucherter Paprika)

• 3 EL natives Olivenöl extra

• 2 Bündel frischer Thymian

• 3 Pfund Yukon Goldkartoffeln

Wegbeschreibungen:

1.Das ganze Huhn mit Knoblauch, Salz, Paprika, Olivenöl und

Thymian würzen. Massieren Sie das Huhn, um die gesamte

Oberfläche mit den Gewürzen zu beschichten. Binden Sie die

Beine mit einer Schnur zusammen. In eine Backform geben

und die Kartoffeln seitlich aufstellen. Die Kartoffeln mit Salz und Olivenöl würzen.

2.Lassen Sie das Huhn 4 Stunden im Kühlschrank ruhen.

3.Wenn bereit zu kochen, feuern Sie den Traeger Grill auf 300°F. Verwenden Sie bevorzugte Traeger. Schließen Sie den Grilldeckel und heizen Sie 15 Minuten vor.

4.Stellen Sie das Huhn und Kartoffeln in den Grill und kochen für 1 Stunde, bis ein Thermometer in den dicksten Teil des Huhns eingeführt kommt sauber.

5.Entfernen Sie vom Grill und lassen Sie vor dem Schnitzen ruhen.

Ernährung:

• Kalorien: 210

• Protein: 26.1g

• Kohlenhydrate: 15.3g

• Fett: 4.4g

• Zucker: 0.7g

Traeger Grill Deli-Style Roastbeef

Zubereitungszeit: 15 Minuten

Kochzeit: 4 Stunden

Portionen: 2

Zutaten:

• 4 lb. rundbodengerösteter Braten

• 1 EL Kokosöl

• 1/4 EL Knoblauchpulver

• 1/4 EL Zwiebelpulver

• 1/4 EL Thymian

• 1/4 EL Oregano

• 1/2 EL Paprika

• 1/2 EL Salz

• 1/2 EL schwarzer Pfeffer

Wegbeschreibungen:

1.Kombinieren Sie alle trockenen Naben, um eine trockene Reibe zu bekommen.

2.Rollen Sie den Braten in Öl dann mit dem Reiben beschichten.

3.Stellen Sie Ihren Grill auf 185°F und legen Sie den Braten auf den Grill.

4.Rauch für 4 Stunden oder bis die Innentemperatur 140°F erreicht.

5.Entfernen Sie den Braten vom Grill und lassen Sie für 10 Minuten ruhen.

6.Slice dünn und servieren.

Ernährung:

•Kalorien: 90, Fett: 3g, Protein: 14g, Zucker: 0g, Ballaststoffe: 0g, Natrium: 420mg

10.Traeger Rindfleisch Jerky

Zubereitungszeit: 15 Minuten

Kochzeit: 5 Stunden Portionen: 10

Zutaten:

•3 Pfund Sirloin Steaks

•2 Tassen Sojasauce

- 1 Tasse Ananassaft

- 1/2 Tasse brauner Zucker

- 2 EL. Sriracha

- 2 EL Hoisin

- 2 EL Rote-Pfeffer-Flocke

- 2 EL Reisweinessig

- 2 EL Zwiebelpulver

Wegbeschreibungen:

1.Mix die Marinade in einem Ziploc-Beutel und fügen Sie das Rindfleisch. Mischen Sie, bis gut beschichtet und entfernen Sie so viel Luft wie möglich.

2.Stellen Sie die Tasche in einen Kühlschrank und lassen Sie über Nacht oder für 6 Stunden marinieren. Entfernen Sie die Tasche aus dem Kühlschrank eine Stunde vor dem Kochen Startup the Traeger und setzen Sie es auf die Rauchereinstellungen oder auf 190°F. Legen Sie das Fleisch auf den Grill und lassen Sie einen halben Zoll Raum zwischen den Stücken. 5 Stunden abkühlen lassen und nach 2 Stunden drehen. Vom Grill nehmen und abkühlen lassen. Servieren

oder kühlen.

Ernährung: Kalorien: 309 Fett: 7g Gesättigte Fettsäuren: 3g

Kohlenhydrate: 20g Netto Kohlenhydrate 19g Protein: 34g

Zucker: 15g Ballaststoffe: 1g Natrium: 2832mg

Pulled Hickory-Smoked Pork Butts

Zubereitungszeit: 30 bis 45 Minuten

Kochzeit: 6 Stunden

Portionen: 20

Zutaten:

Traeger: Hickory

•2 (10 Pfund) knochenlose Schweinehintere, vakuumgefüllt

oder frisch

•1 Tasse geröstetes Knoblauch-gewürztes extra natives

Olivenöl

•3/4 Tasse Schweinefleisch Dry Rub, Jan es Original Dry Rub,

oder Ihre bevorzugte Schweinefleisch reiben

Wegbeschreibungen:

1.Trim die Fettkappe und alle effektiv verfügbaren enormen

Segmente von Fülle Fett aus jedem Schweinefleisch Hintern,

wie Sie es für richtig halten.

2.Entfernen Sie die Schweinestumme vom Grill und wickeln

Sie alle in schwere Aluminiumfolie. Achten Sie darauf, dass

Sie Ihre Fleischsonden in den Hintern halten, während Sie sie

doppelt umwickeln.

3.Geben Sie die gewickelten Schweinestumme auf Ihren 350°F

Traeger Rauchergrill zurück.

4.Halten Sie das Kochen der folienumwickelten

Schweinestumme, bis die Innentemperatur der

Schweinestumme bei 200°F bis 205°F ankommt.

5.Entfernen Sie die Schweinestumme und FTC sie für 3 bis 4

Stunden vor dem Ziehen und Servieren.

6.Erzwingen Sie die geräucherten Schweinestumme in

minimale saftige Fetzen unter Verwendung Ihrer bevorzugten

Zugtechnik. Ich ziehe es vor, meine Hände zu verwenden,

während ich hitzebeständige Handschuhe trage.

7.Auf die Off-Chance, dass Sie möchten, mischen Sie die

gezogenen Schweinestummen mit allen verbleibenden

Flüssigkeiten.

8.Servieren Sie das gezogene Schweinefleisch mit Grillsauce

auf einer frisch zubereiteten Form mit Coleslaw gekrönt, oder servieren Sie das gezogene Schweinefleisch mit Seiten wie

Salat, Tomaten, rote Zwiebeln, Mayo, Käse und Meerrettich.

Ernährung:

• Kalorien: 267

• Protein: 25 g

• Fett: 18 g

Schweinefleisch Sirloin Tip Roast Drei Wege

Zubereitungszeit: 20 Minuten Kochzeit: 1 1/2 bis 3 Stunden

Portionen: 4 bis 6

Zutaten:

Traeger: Apfel, Hickory

• Apfel-injiziertes geröstetes Schweinefleisch Sirloin Tip Roast

• 1 (11,2 bis 2 Pfund) Schweinesirloin Spitze Braten

• 3/4 Tasse 100% Apfelsaft

• 2 EL gerösteter Knoblauch-gewürztes extra natives Olivenöl

• 5 EL Schweinefleisch Dry Rub oder ein Geschäft reiben, zum Beispiel, Plowboys BBQ Bovine Bold

Wegbeschreibungen:

1. Trocknen Sie den Braten mit einem Stück Papier

2. Verwenden Sie einen Geschmack / Marinade Injektor, um alle Zonen von Spitzenbraten mit dem Apfelsaft zu infundieren.

3.Reiben Sie den ganzen Braten mit dem Olivenöl und danach großzügig mit dem Reiben bedecken.

4.Verwenden Sie 2 Silikon-Nährqualität Kochgruppen oder Metzger Bindfäden, um den Braten zu unterstützen.

5.Rösten Sie das Fleisch, bis die Innentemperatur bei 145°F ankommt, ca. 1und eine halbe Stunde.

6.Rest den Braten unter einem freien Folienzelt für 15 Minuten.

7.Entfernen Sie die Kochgruppen oder Bindfäden und schneiden Sie den Braten im Gegensatz zu dem, was erwartet werden würde.

Ernährung: Kalorien: 354 Protein: 22 g Fett: 30 g

Doppelt geräucherter Schinken

Zubereitungszeit: 15 Minuten

Kochzeit: 2 1/2 bis 3 Stunden

Portionen: 8 bis 12

Zutaten:

Traeger: Apfel, Hickory

•1 (10-Pfund) Apfelholz geräuchert, ohne Knochen,

vollständig gekocht, fertig zu essen Schinken oder Knochen-in

geräucherten Schinken

Wegbeschreibungen:

1.Entfernen Sie den Schinken aus seiner Bündelung und lassen

Sie bei Raumtemperatur für 30 Minuten sitzen.

2.Ordnen Sie den Traeger-Raucher-Grill für nicht-direktes

Kochen an und erhitzen Sie auf 180°F mit Apfel- oder

Hickory-Traegern, die sich darauf verlassen, welche Art von

Holz für das zugrunde liegende Rauchen verwendet wurde.

3.Stellen Sie den Schinken direkt auf den Grill rostt und

rauchen Sie den Schinken für 1 Stunde bei 180°F.

4.Nach 60 Minuten, erhöhen Sie die Grubentemperatur auf

350°F.

5.Kochen Zeit der Schinken, bis die Innentemperatur erreicht

bei 140°F, etwa 1 und eine hälfte bis 2 zusätzliche Stunden.

6.Entfernen Sie den Schinken und wickeln Sie in Folie für 15

Minuten vor dem Schneiden im Gegensatz zu dem, was

erwartet werden würde.

Ernährung:

• Kalorien: 215 Protein: 21 g

• Fett: 19 g

Hickory-Smoked Prime Rib of Pork

Zubereitungszeit: 30 Minuten

Kochzeit: 3 Stunden

Portionen: 6

Zutaten:

Traeger: Hickory

•1 (5-Pfund) Rack Schweinefleisch, ca. 6 Rippen

•1/4 Tasse geröstetes Knoblauch-verstärktes extra natives

Olivenöl

•6 EL Jan es Original Dry Rub, Pork Dry Rub, oder Ihr

bevorzugter Schweinebraten reiben

Wegbeschreibungen:

1.Trim der Fettkappe und silber haut aus dem Rack von

Schweinefleisch. Ähnlich wie ein Rippenstück hat ein

Schweinestall eine Membran an den Knochen. Entfernen Sie

die Membran aus den Knochen, indem Sie einen Löffelgriff

unter der Knochenmembran bearbeiten, bis Sie die Membran

mit einem Papiertuch abziehen können.

2.Reiben Sie das Olivenöl großzügig auf allen Seiten des

Fleisches. Mit dem Reiben würzen, alle Seiten des Fleisches

abdecken.

3.Double wickeln Sie das gewürzte Rack von Schweinefleisch

in Plastikfolie und kühlen für 2 bis 4 Stunden oder

mittelfristig.

4.Entfernen Sie das gewürzte Rack von Schweinefleisch aus

dem Kühlschrank und lassen Sie bei Raumtemperatur für 30

Minuten vor dem Kochen sitzen.

5.Ordnen Sie den Traeger-Raucher-Grill für nicht-direktes

Kochen an und erhitzen Sie auf 225°F unter Verwendung von

Hickory-Traegern.

6.Fügen Sie Ihre traeger Raucher-Grill-Fleischsonde oder eine

abgelegene Fleischsonde in den dicksten Teil des Racks von

Schweinefleisch. Auf der off Chance, dass Ihr Grill hat keine

Fleischsonde Fähigkeiten oder Sie nicht behaupten, eine

entfernte Fleischsonde zu diesem Zeitpunkt, nutzen Sie einen

Moment lesen Computerthermometer während des Kochens

für interne Temperaturmessungen.

7.Stellen Sie das Rack Rippenseite nach unten direkt auf die

Gitterroste.

8.Rauchen Sie das Rack von Schweinefleisch für 3 bis 3 und

eine halbe Stunde, bis die Innentemperatur erreicht 140°F.

9.Entfernen Sie das Fleisch aus dem Raucher, und lassen Sie es

unter einem freien Folienzelt für 15 Minuten vor dem

Schneiden ruhen.

Ernährung:

•Kalorien: 189

•Protein: 17 g

•Fett: 12 g

Hoisin Turkey Wings

Zubereitungszeit: 15 Minuten

Kochzeit: 1 Stunde

Portionen: 8

Zutaten:

• 2 Pfund Putenflügel

• 1/2 Tasse Hoisinsauce

• 1 EL Honig

• 2 TL Sojasauce

• 2 Knoblauchzehen (gehackt)

• 1 TL frisch geriebener Ingwer

• 2 TL Sesamöl

• 1 TL Pfeffer oder nach Geschmack

• 1 TL Salz oder nach Geschmack

• 1/4 Tasse Ananassaft

• 1 EL gehackte grüne Zwiebeln

• 1 EL Sesamsamen

• 1 Zitrone (in Keile geschnitten)

Wegbeschreibungen:

1.In einen riesigen Behälter, kombinieren Sie Honig, Knoblauch, Ingwer, Soja, Hoisinsauce, Sesamöl, Pfeffer und Salz. Legen Sie die ganze Mischung in eine Ziploc-Tasche und fügen Sie die Flügel. Kühlen Sie für 2 Stunden.

2.Entfernen Sie den Truthahn aus der Marinade und reservieren Sie die Marinade. Lassen Sie den Truthahn für ein paar Minuten ruhen, bis es bei Raumtemperatur ist.

3.Vorheizen Sie Ihren Grill auf 300°F mit dem Deckel für 15 Minuten geschlossen.

4.Ordnen Sie die Flügel in einen Grillkorb und legen Sie den Korb auf den Grill.

5.Grill für 1 Stunde oder bis die Innentemperatur der Flügel 165°F erreicht.

6.In der Zwischenzeit die reservierte Marinade bei mittlerer Hitze in einen Topf gießen. Den Ananassaft unterrühren.

7.Warten Sie zu kochen, dann reduzieren Sie die Hitze und köcheln, bis die Sauce verdickt.

8.Bürsten Sie die Flügel mit Sauce und kochen für 6 Minuten

mehr. Entfernen Sie die Flügel von der Hitze.

9.Servieren und garnieren Sie es mit grünen Zwiebeln,

Sesamsamen und Zitronenkeile.

Ernährung:

•Kalorien: 115

•Fett: 4.8g

•Kohlenhydrate: 11.9g

•Protein: 6.8g

2.Geräuchertes Wild

Zubereitungszeit: 10 Minuten

Kochzeit: 2 Stunden

Portionen: 4

Zutaten:

•1 Lb. Wildtenderloin

•1/4 Tasse Zitronensaft

•1/4 Tasse Olivenöl

•5 gehackte Knoblauchzehen

•1 TL Salz

•1 TL gemahlener schwarzer Pfeffer

Wegbeschreibungen:

1.Beginnen Sie, indem Sie das ganze Wild Filetlin, in eine

Tasche im Reißverschlussstil oder eine große Schüssel legen.

2.Zitronensaft, Olivenöl, Knoblauch, Salz und Pfeffer in eine

Küchenmaschine geben

3.Verarbeiten Sie Ihre Zutaten, bis sie sehr gut integriert sind

4.Gießen Sie die Marinade auf dem Wild; dann massieren Sie

es in sehr gut

5.Kühlen und für ca. 4 Stunden oder eine Übernachtung

marinieren lassen

6.Wenn Sie bereit sind zu kochen; entfernen Sie einfach das

Wild aus Ihrer Marinade und spülen Sie es sehr gut ab.

7.Das Fleisch trocken trocknen lassen und ca. 30 Minuten auf

Raumtemperatur kommen lassen, bevor man es kocht

8.In der Zwischenzeit Ihren Raucher auf eine Temperatur von

ca. 225°F vorheizen

9.Rauchen Sie das Tenderloin für ca. 2 Stunden

10.Lassen Sie das Fleisch für etwa 10 Minuten ruhen, bevor Sie

es schneiden

11.Top mit schwarzem Pfeffer; dann servieren und genießen

Sie Ihr Gericht!

Ernährung:

• Kalorien: 300

• Fett: 17g

• Kohlenhydrate: 3g

• Faser: 0g

• Protein: 33g

Gemüse und vegetarische

Rezepte

Gegrillte Zucker Snap Erbsen

Zubereitungszeit: 15 Minuten

Kochzeit: 10 Minuten

Portionen: 4

Zutaten:

• 2-Pfund Zucker-Snap-Erbsen, Enden getrimmt

• 1/2 TL Knoblauchpulver

• 1 TL Salz

• 2/3 TL gemahlener schwarzer Pfeffer

• 2 EL Olivenöl

Wegbeschreibungen:

1.Schalten Sie den Traeger-Grill ein, füllen Sie den Grilltrichter mit Traegers mit Apfelgeschmack, schalten Sie den Grill über das Bedienfeld ein, wählen Sie "Rauch" auf dem Temperaturzifferblatt oder stellen Sie die Temperatur auf 450°F ein und lassen Sie ihn mindestens 15 Minuten vorheizen. In der Zwischenzeit eine mittlere Schüssel nehmen, Erbsen hineinlegen, Knoblauchpulver und Öl dazugeben, mit Salz und schwarzem Pfeffer würzen, bis zum

Mischen werfen und dann auf die Blechpfanne verteilen.

2.Wenn der Grill vorgeheizt ist, öffnen Sie den Deckel, legen

Sie die vorbereitete Blechpfanne auf den Grillrost, schließen

Sie den Grill und rauchen Sie für 10 Minuten, bis leicht

verkohlt.

3.Servieren Sie sofort.

Ernährung: Kalorien: 91 Fett: 5 g Kohlenhydrate: 9 g Protein: 4

g Ballaststoffe: 3 g

Blumenkohl mit Parmesan und Butter

Zubereitungszeit: 15 Minuten

Kochzeit: 45 Minuten

Portionen: 4

Zutaten:

• 1 mittlerer Kopf Blumenkohl

• 1 TL gehackter Knoblauch

• 1 TL Salz

• 1/2 TL gemahlener schwarzer Pfeffer

• 1/4 Tasse Olivenöl

• 1/2 Tasse geschmolzene Butter, ungesalzen

• 1/2 EL gehackte Petersilie

• 1/4 Tasse geschredderter Parmesankäse

Wegbeschreibungen:

1.Schalten Sie den Traeger-Grill ein, füllen Sie den Grilltrichter

mit aromatigen Traegers, schalten Sie den Grill mit dem

Bedienfeld ein, wählen Sie "Rauch" auf dem Temperaturrad,

oder stellen Sie die Temperatur auf 450°F ein und lassen Sie

ihn mindestens 15 Minuten vorheizen.

2.In der Zwischenzeit den Blumenkohlkopf mit Öl bürsten,

mit Salz und schwarzem Pfeffer würzen und dann in eine

Pfanne geben.

3.Wenn der Grill vorgeheizt hat, öffnen Sie den Deckel, legen

Sie die vorbereitete Pfanne auf den Grill rostig, schließen Sie

den Grill, und rauchen für 45 Minuten, bis goldbraun und die

Mitte zart geworden ist.

4.In der Zwischenzeit eine kleine Schüssel nehmen,

geschmolzene Butter hineinlegen und dann Knoblauch,

Petersilie und Käse unterrühren, bis sie kombiniert sind.

5.Baste Käsemischung häufig in den letzten 20 Minuten des

Kochens und, wenn fertig, entfernen Sie die Pfanne von der

Hitze und garnieren Blumenkohl mit Petersilie.

6.Schneiden Sie es in Scheiben und dann servieren.

Ernährung:

• Kalorien: 128

• Fett: 7,6 g

• Kohlenhydrate: 10,8 g

• Protein: 7,4 g

• Faser: 5 g

Gegrillter Kartoffelsalat

Zubereitungszeit: 15 Minuten

Kochzeit: 10 Minuten

Portionen: 8

Zutaten:

• 1 1/2 Pfund Fingerling Kartoffeln, in der Längsrichtung

halbiert

• 1 kleiner Jalapeno, in Scheiben geschnitten

• 10 Jakobsmuscheln

• 2 TL Salz

• 2 EL Reisessig

• 2 TL Zitronensaft

• 2/3 Tasse Olivenöl, geteilt

Wegbeschreibungen:

1.Schalten Sie den Traeger-Grill ein, füllen Sie den Grilltrichter

mit Pecan-Aroma Traegers, schalten Sie den Grill mit dem

Bedienfeld ein, wählen Sie "Rauch" auf dem Temperaturrad,

oder stellen Sie die Temperatur auf 450°F ein und lassen Sie

ihn mindestens 5 Minuten vorheizen.

2.In der Zwischenzeit, bereiten Jakobsmuscheln, und dafür,

bürsten Sie sie mit etwas Öl.

3.Wenn der Grill vorgeheizt ist, öffnen Sie den Deckel, legen

Sie Jakobsmuscheln auf den Grillrost, schließen Sie den Grill

und rauchen Sie für 3 Minuten, bis leicht verkohlt.

4.Dann jakobiniieren Sie Jakobsmuscheln auf ein

Schneidebrett, lassen Sie sie für 5 Minuten abkühlen, dann in

Scheiben schneiden und beiseite stellen, bis erforderlich.

5.Pinsel Kartoffeln mit etwas Öl, würzen mit etwas Salz und

schwarzem Pfeffer, legen Kartoffeln auf den Grill Rost,

schließen Sie den Grill, und rauchen für 5 Minuten, bis

gründlich gekocht.

6.Dann nehmen Sie eine große Schüssel, gießen Sie in Restöl,

fügen Sie Salz, Zitronensaft und Essig und rühren, bis

kombiniert.

7.Fügen Sie gegrillte Jakobsmuschel und Kartoffeln, toss bis gut gemischt, Geschmack, um Würze einzustellen, und dann servieren.

Ernährung:

•Kalorien: 223,7

•Fett: 12 g

•Kohlenhydrate: 27 g

•Protein: 1,9 g

•Faser: 3,3 g

Gegrillter Spargel

Zubereitungszeit: 5 Minuten

Kochzeit: 20 Minuten

Portionen: 4

Zutaten:

• 3 Tassen Gemüse in Scheiben geschnitten

• 2 EL Olivenöl

• 2 EL Knoblauch - Kräuterwürze

Wegbeschreibungen:

1.Heizen Sie Ihren Traeger-Grill auf eine Temperatur von ca.

350°F vor

2.Während Ihr Traeger erhitzt, schneiden Sie das Gemüse in

Scheiben. Schneiden Sie die Speere aus dem Brokkoli und den

Zucchini; dann die Außenseite waschen und in Speere

schneiden; die Paprika in breite Streifen schneiden. Sie können

auch Karotten, Mais, Spargel und Kartoffeln grillen - Grill bei

einer Temperatur von etwa 350°F für etwa 20 Minuten.

Servieren und genießen!

Ernährung:

• Kalorien: 47

• Fett: 3g,

• Kohlenhydrate: 1g,

• Faser: 1g,

• Protein: 2.2g

Grill Auberginen

Zubereitungszeit: 5 Minuten

Kochzeit: 12 Minuten

Portionen: 6

Zutaten:

• 1 bis 2 große Auberginen

• 3 EL natives Olivenöl extra

• 2 EL Balsamico-Essig

• 2 fein gehackte Knoblauchzehen

• 1 Prise Thymian, Dill, Oregano und Basilikum

Wegbeschreibungen:

1.Sammeln Sie Ihre Zutaten.

2.Heizen Sie Ihren Traeger-Grill auf eine mittelhohe

3.Wenn der Traeger Grill heiß wird; Auberginen in Scheiben von etwa 1/2 Zoll Dicke schneiden

4.In einer Schüssel das Olivenöl mit dem Balsamico-Essig, dem Knoblauch, den Kräutern, dem Salz und dem Pfeffer verrühren.

5.Bürsten Sie beide Seiten der in Scheiben geschnittenen

Aubergine mit Öl und mit der Essigmischung.

6.Stellen Sie die Aubergine über den vorgeheizten Grill

7.Grill die Aubergine für ca. 12 Minuten

8.Serve und genießen!

Ernährung: Kalorien: 56 Fett: 0.8g Kohlenhydrate: 11g

Ballaststoffe: 4.1g Protein: 4g

Fisch & Meeresfrüchte Rezepte

Würzige Garnelen

Zubereitungszeit: 45 Minuten

Kochzeit: 10 Minuten

Portionen: 4

Zutaten:

•3 EL Olivenöl

•6 Knoblauchzehen

•2 EL Huhn trocken reiben

•6 Unzen Chili

•1 1/2 EL weißer Essig

•1 1/2 TL Zucker

•6 Lb. Garnelen, geschält und deveined

Richtung:

1.Olivenöl, Knoblauch, trockenes Reiben, Chili, Essig und

Zucker in einer Küchenmaschine hinzufügen.

2.Blend bis glatt.

3.TransferMischung in eine Schüssel.

4.Stir in Garnelen.

5.Cover und kühlen für 30 Minuten.

6.Vorheizen Sie den Traeger-Grill für 15 Minuten zu treffen,

während der Deckel geschlossen ist.

7.Thread Garnelen auf Spieße.

8.Grill für 3 Minuten pro Seite.

Serviervorschlag: Mit gehackten Kräutern garnieren.

Zubereitungs-/Kochtipps: Sie können den Spießen auch

Gemüse hinzufügen.

Ernährung:

• Kalorien: 250

• Protein: 24g

• Kohlenhydrate: 18g

• Fett: 13g

• Faser: 0g

Gegrillter Herbed Thunfisch

Zubereitungszeit: 4 Stunden und 15 Minuten

Kochzeit: 10 Minuten

Portionen: 6

Zutaten:

• 6 Thunfischsteaks

• 1 EL Zitronenschale

• 1 EL frischer Thymian, gehackt

• 1 EL frische Petersilie, gehackt

• Knoblauchsalz nach Geschmack

Richtung:

1. Bestreuen Sie die Thunfischsteaks mit Zitronenschale, Kräutern und Knoblauchsalz.

2. Abdeckung mit Folie.

3. Kühlen für 4 Stunden.

4. Grill für 3 Minuten pro Seite.

Servieren Vorschlag: Top mit Zitronenscheiben vor dem Servieren.

Zubereitungs-/Kochtipps: Nehmen Sie den Fisch 30 Minuten vor dem Kochen aus dem Kühlschrank.

Ernährung:

- Kalorien: 234 Protein: 25g

- Kohlenhydrate: 17g

- Fett: 11g

- Faser: 0g

Gebratener Snapper

Zubereitungszeit: 30 Minuten Kochzeit: 15 Minuten

Portionen: 4 Zutaten:

• 4 Schnapperfilets

• Salz und Pfeffer nach Geschmack ,

• 2 TL getrockneter Estragon

• Olivenöl

• 2 Zitronen, in Scheiben geschnitten

Richtung:

1. Stellen Sie den Traeger-Grill hoch.

2. Vorheizen Sie es für 15 Minuten, während der Deckel geschlossen ist.

3. Fügen Sie 1 Fischfilet auf ein Folienblatt.

4. Mit Salz, Pfeffer und Estragon bestreuen.

5. Drizzle mit Öl.

6. Platzieren Sie Zitronenscheiben auf der Oberseite.

7. Falten und versiegeln Sie die Pakete.

8. Put die Folienpakete auf den Grill.

9.Backen Sie für 15 Minuten.

10.Öffnen Sie sorgfältig und servieren.

Serviervorschlag: Vor dem Servieren mit geschmolzener

Butter betränkt.

Zubereitungs-/Kochtipps: Sie können auch Spargelspieße

oder Brokkoli in die Packung geben, um mit dem Fisch zu

kochen.

Ernährung: Kalorien: 222 Protein: 18g Kohlenhydrate: 12g

Fett: 10g Ballaststoffe: 0g

Fischfilets mit Pesto

Zubereitungszeit: 15 Minuten Kochzeit: 15 Minuten

Portionen: 6

Zutaten:

•2 Tassen frisches Basilikum

•Tasse Petersilie, gehackt

•1/2 Tasse Walnüsse

•1/2 Tasse Olivenöl

•1 Tasse Parmesankäse, gerieben

•Salz und Pfeffer nach Geschmack

•4 Weißfischfilets

Richtung:

1.Den Traeger-Grill 15 Minuten zu hoch vorheizen, während der Deckel geschlossen ist.

2.Fügen Sie alle Zutaten außer Fisch zu einem Lebensmittelverarbeiter hinzu.

3.Pulse bis glatt. Beiseite.

4.Saison Fisch mit Salz und Pfeffer.

5.Grill für 6 bis 7 Minuten pro Seite.

6.Mit der Pestosauce servieren.

Serviervorschlag: Mit frischen Basilikumblättern garnieren.

Zubereitungs-/Kochtipps: Vor dem Grillen können Sie auch

ein wenig Pesto auf den Fisch verteilen.

Ernährung: Kalorien: 279 Protein: 32g Kohlenhydrate: 20g

Fett: 14g Ballaststoffe: 0g

Heilbutt mit Knoblauch Pesto

Zubereitungszeit: 20 Minuten Kochzeit: 10 Minuten

Portionen: 4 Zutaten:

• 4 Heilbuttfilets

• 1 Tasse Olivenöl

• Salz und Pfeffer nach Geschmack

• 1/4 Tasse Knoblauch, gehackt

• 1/4 Tasse Pinienkerne

Richtung:

1. Stellen Sie den Traeger-Grill so, dass er raucht.

2. Stellen Sie Feuer für 5 Minuten.

3. Stellen Sie die Temperatur auf hoch.

4. Stellen Sie ein Gusseisen: auf einen Grill.

5. Würze Fisch mit Salz und Pfeffer.

6. Fügen Sie Fisch in die Pfanne.

7. Drizzle mit ein wenig Öl.

8. Sear für 4 Minuten pro Seite.

9.Bereiten Sie den Knoblauch Pesto, indem Sie die restlichen Zutaten in der Küchenmaschine, bis glatt.

10.Servieren Sie Fisch mit KnoblauchPesto.

Servieren Vorschlag: Vor dem Servieren mit frischen Kräutern bestreuen.

Zubereitungs-/Kochtipps: Für dieses Rezept können Sie auch andere Weißfischfilets verwenden.

Ernährung: Kalorien: 298 Protein: 32g Kohlenhydrate: 20g Fett: 16g

Faser: 0g

Rub und Saucen Rezepte

Geräucherte TomatencremeSauce

Zubereitungszeit: 15 Minuten

Kochzeit: 1 Stunde 20 Minuten

Portionen: 1

Zutaten:

• 1 Pfund Rindersteak Tomaten, frisch und geviertelt

• 1-1/2 EL Olivenöl

• Schwarzer Pfeffer, frisch gemahlen

• Salz, koscher

• 1/2 Tasse gelbe Zwiebeln, gehackt

• 1 EL Tomatenmark

• 2 EL gehackter Knoblauch

• Pinch Cayenne

• 1/2 Tasse Hühnerbrühe

• 1/2 Tasse schwere Creme

Wegbeschreibungen:

1.Bereiten Sie Ihren Raucher mit Anweisungen des Herstellers vor.

2.TossTomaten und 1 EL Öl in einer Schüssel, mischen, dann mit Pfeffer und Salz würzen.

3.Rauchen Sie die Tomaten auf einem Rauchergestell für etwa 30 Minuten gelegt. Entfernen und beiseite reservieren Tomatensäfte.

4.Erhitzen Sie 1/2 EL Öl in einem Topf bei hoher mittlerer Hitze.

5.Zwiebel hinzufügen und ca. 3-4 Minuten kochen. Tomatenmark und Knoblauch dazugeben und dann für weitere 1 Minute kochen.

6.Fügen Sie geräucherte Tomaten, Cayenne, Tomatensäfte, Pfeffer und Salz dann kochen für ca. 3-4 Minuten. Rühren Sie oft.

7.Hühnerbrühe hinzufügen und ca. 25-30 Minuten unter einem sanften Köcheln kochen. Rühren Sie oft.

8.Stellen Sie die Mischung in einen Mixer und pürieren, bis glatt. Nun die Mischung durch ein Sieb, feines Netz drücken, Feststoffe entsorgen und die Säfte abgeben,

9.Transfer die Sauce in einen Topf, klein, und fügen Sie die

Sahne.

10.Simmer für fast 6 Minuten bei geringer mittlerer Hitze, bis

leicht verdickt. Mit Pfeffer und Salz abschmecken.

11.Servieren Sie warm mit Risotto-Kuchen.

Ernährung:

• Kalorien: 50

• Fett: 5g

• Kohlenhydrate: 2g

• Protein: 0g

• Faser: 0g

Käse und Brot

Traeger Grill Apple Crisp

Zubereitungszeit: 20 Minuten

Kochzeit: 1 Stunde

Portionen: 15

Zutaten:

Äpfel

- 10 große Äpfel

- 1/2 Tasse Mehl

- 1 Tasse Zucker, dunkelbraun

- 1/2 EL Zimt

- 1/2 Tasse Butterscheiben

Knackig

- 3 Tassen Haferflocken, altmodisch

- 1-1/2 Tassen weiche Butter, gesalzen

- 1-1/2 EL Zimt

• 1 Tassen brauner Zucker

Wegbeschreibungen:

1.Vorheizen Sie Ihren Grill auf 350°F.

2.Waschen, schälen, kernen und würfeln Sie die Äpfel in Würfel, mittelgroß

3.Mischen Sie Mehl, dunkelbraunen Zucker und Zimt dann mit Ihren Apfelwürfeln werfen.

4.Sprühen Sie eine Backform, 10x13", mit Kochspray dann Äpfel hinein. Top mit Butterscheiben.

5.Mix alle knackigen Zutaten in einer mittleren Schüssel, bis gut kombiniert. Legen Sie die Mischung über die Äpfel.

6.Stellen Sie auf dem Grill und kochen für etwa 1 Stunde Überprüfung nach alle 15-20 Minuten, um sicherzustellen, dass das Kochen gleichmäßig ist. Legen Sie es nicht auf das heißeste Grillteil.

7.Entfernen und lassen Sie für etwa 20-25 Minuten sitzen

8.Es ist sehr warm.

Ernährung:

• Kalorien: 528

• Fett: 26g

• Gesättigtes Fett: 16g

• Kohlenhydrate: 75g

• Netto Kohlenhydrate: 70g

• Protein: 4g

• Zucker: 51g

• Faser: 5g

• Natrium: 209mg

• Kalium: 122mg

Nuss, Obst und Dessert

Gewürzte Nüsse

Zubereitungszeit: 5 Minuten

Kochzeit: 20 Minuten

Portionen: 32 EL.

Zutaten:

• 1 TL getrockneter Rosmarin

• 1/8 TL Cayennepfeffer

• 1/8 TL gemahlener schwarzer Pfeffer

• 1/2 TL Salz oder nach Geschmack

• 1/2 TL gemahlener Kreuzkümmel

• 1 EL Olivenöl

• 2 EL Ahornsirup

• 2/3 Tasse rohe und ungesalzene Cashew-Nüsse

• 2/3 Tasse roh und ungesalzene Pekannüsse

• 2/3 Tasse rohe und ungesalzene Walnüsse

Wegbeschreibungen:

1.Starten Sie Ihren Grill im Rauchmodus und lassen Sie den

Deckel für 5 Minuten geöffnet, bis das Feuer beginnt.

2.Schließen Sie den Grilldeckel und erhitzen Sie den Grill auf 350°F.

3.In einer großen Schüssel, kombinieren Sie alle Zutaten außer dem getrockneten Rosmarin. Mischen Sie gründlich, bis die Zutaten gleichmäßig gemischt werden und alle Nüsse mit Gewürzen beschichtet sind.

4.Verteilen Sie die gewürzten Nüsse auf einem Backblech.

5.Das Backblech auf den Grill legen und die Nüsse 20 bis 25 Minuten rösten.

6.Entfernen Sie die Muttern von der Hitze.

7.Sprinkle den getrockneten Rosmarin auf die Nüsse und rühren zu mischen.

8.Lassen Sie die Nüsse für ein paar Minuten abkühlen.

9.Dienen und genießen.

Ernährung:

•Kalorien: 64

•Fett: 5,8 g

•Gesättigtes Fett: 0,4 g

- Cholesterin: 0 mg

- Natrium: 35 mg

- Kohlenhydrate: 2,2 g

- Faser: 0.6 g

- Zucker: 0,8 g

- Protein: 1,3 g

Zimt Zucker Donut Löcher

Zubereitungszeit: 10 min

Kochzeit: 35 min

Portionen: 4

Zutaten:

- 1/2 Tasse Mehl

- 1 EL Maisstärke

- 1/2 TL Backpulver

- 1/8 TL Backpulver

- 1/8 TL gemahlener Zimt

- 1/2 TL koscheres Salz

- 1/4 Tasse Buttermilch

- 1/4 Tasse Zucker

- 11/2 EL Butter, geschmolzen

- 1egg

- 1/2 TL Vanille

- Topping

- 2 EL Zucker

•1 EL Zucker

•1 TL gemahlener Zimt

Wegbeschreibungen:

1.Preheat Traeger Grill auf 350°F.

2.In einer mittelgroßen Schüssel Mehl, Maisstärke,

Backpulver, Backpulver, gemahlener Zimt und koscheres Salz.

Whisk zu kombinieren.

3.In einer separaten Schüssel Buttermilch, Zucker,

geschmolzene Butter, Ei und Vanille kombinieren. Whisk, bis

das Ei gründlich kombiniert wird.

4.Pour nasse Mischung in die Mehlmischung und rühren.

Rühren Sie nur bis kombiniert, vorsichtig, um die Mischung

nicht zu überarbeiten.

5.Spray Mini-Muffin-Zinn mit Kochspray.

6.Spoon 1 EL Donut-Mischung in jedes Mini-Muffin-Loch.

7.Legen Sie die Dose auf den Traeger Grillrost und backen Sie

für ca. 18 Minuten, oder bis ein Zahnstocher sauber

herauskommen kann.

8.Entfernen Sie Muffin Dose vom Grill und lassen Sie für ca. 5

Minuten ruhen.

9.In eine kleine Schüssel, kombinieren Sie 1 EL Zucker und 1

TL gemahlenen Zimt.

10.2 EL Butter in einer Glasschale schmelzen. Tauchen Sie

jedes Donutloch in die geschmolzene Butter, dann mischen

und mit Zimtzucker bestreichen. Legen Sie fertige Donut-

Löcher auf eine Platte zu dienen.

Ernährung:

•Kalorien: 190

•Fett: 17 g

•Cholesterin: 0 mg

•Kohlenhydrate: 21 g

•Faser: 1 g

•Zucker: 8 g

•Protein: 3 g

Lamm Rezepte

Geschmortes Lamm Tacos

Zubereitungszeit: 2 Stunden

Kochzeit: 5 Stunden

Portionen: 4

Zutaten:

Traegers: Mesquite

•1/4 EL Kümmelsamen

•1/4 EL Koriandersamen

•1/4 EL Kürbiskerne

•2 Oz. Guajillo Paprika

•1 EL Paprika

•1 EL Limettensaft

•1 EL frischer Oregano, gewürfelt

•3 Knoblauchzehen, gehackt

•2 EL Olivenöl

•1 EL Salz

•3 lbs. Lammschultern

Wegbeschreibungen:

1.Grind alle Samen zusammen, bevor Mikrowaving die Chili mit Wasser für zwei Minuten auf hoch.

2.Mischen Sie die Samen, Limettensaft, Paprika, Knoblauchzehen, Salz, Öl und Oregano mit dem Chili.

3.Put das Fleisch in eine Pfanne, und dann reiben Sie die Gewürzmischung darüber. Lassen Sie für zwei Stunden im Kühlschrank.

4.Wenn sie bereit zum Kochen sind, drehen Sie Ihren Raucher auf 325F und heizen Sie vor.

5.Gießen Sie 1/2 Tasse Wasser in die Pfanne und decken Sie mit Folie. Kochen Sie das Lamm für zwei Stunden, Wasser hinzufügen, wenn nötig.

6.Entsorgen Sie die Folie und kochen Sie für 2 Stunden mehr, dann lassen Sie für 20 Minuten vor dem Zerkleinern.

7.Serve auf MaisTortillas.

Ernährung:

Kalorien: 328

Kohlenhydrate: 11g

Protein: 19g

Fett: 24g

Geräuchertes Lammgestell

Zubereitungszeit: 10 Minuten

Kochzeit: 1 Stunde und 15 Minuten

Portionen: 4

Zutaten:

• 1 Rack Lammrippe, Membran entfernt

Für die Marinade:

• 1 Zitrone, entsaftet

• 2 TL gehackter Knoblauch

• 1 TL Salz

• 1 TL gemahlener schwarzer Pfeffer

• 1 TL getrockneter Thymian

• 1/4 Tasse Balsamico-Essig

• 1 TL getrocknetes Basilikum

Für die Glasur:

• 2 EL Sojasauce

• 1/4 Tasse Dijon Senf

• 2 EL. Worcestershire Sauce

•1/4 Tasse Rotwein

Wegbeschreibungen:

1.Bereiten Sie die Marinade und dafür, nehmen Sie eine kleine

Schüssel, legen Sie alle Zutaten in sie und Schneebesen, bis

kombiniert.

2.Legen Sie das Lammgestell in eine große Plastiktüte, gießen

Sie in Marinade, versiegeln Sie den Beutel, drehen Sie es auf

den Kopf, um Lamm mit der Marinade zu beschichten und

lassen Sie es für mindestens 8 Stunden im Kühlschrank

marinieren.

3.Wenn bereit zu kochen, schalten Sie den Traeger Grill, füllen

Sie den Grilltrichter mit aromatisierten Traegers, schalten Sie

den Grill mit dem Bedienfeld, wählen Sie "Rauch" auf dem

Temperaturzifferblatt, oder stellen Sie die Temperatur auf

300°F und lassen Sie es für mindestens 5 Minuten vorheizen.

4.In der Zwischenzeit bereiten Sie die Glasur und dafür,

nehmen Sie eine kleine Schüssel, legen Sie alle seine Zutaten

in sie und Schneebesen, bis kombiniert.

5.Wenn der Grill vorgeheizt ist, öffnen Sie den Deckel, legen

Lammgestell auf den Grillrost, schließen Sie den Grill und

rauchen Sie für 15 Minuten.

6.Pinsel mit Glasur, kippen Sie das Lamm und dann weiter

rauchen für 1 Stunde und 15 Minuten, bis die

Innentemperatur erreicht 145°F, Basting mit der Glasur alle 30

Minuten.

7.Wenn fertig, Lammgestell auf ein Schneidebrett übertragen,

lassen Sie es für 15 Minuten ruhen, schneiden Sie es in

Scheiben, und dann servieren.

Ernährung:

•Kalorien: 323

•Fett: 18 g

•Kohlenhydrate: 13 g

•Protein: 25 g

•Faser: 1 g

Rosmarin-Lamm

Zubereitungszeit: 10 Minuten

Kochzeit: 3 Stunden

Portionen: 2

Zutaten:

• 1 Rack Lammrippe, Membran entfernt

• 12 Babykartoffeln

• 1 Bund Spargel, Enden getrimmt

• Gemahlener schwarzer Pfeffer, nach Bedarf

• Salz, nach Bedarf

• 1 TL getrockneter Rosmarin

• 2 EL Olivenöl

• 1/2 Tasse Butter, ungesalzen

Wegbeschreibungen:

1.Schalten Sie den Traeger-Grill ein, füllen Sie den Grilltrichter

mit aromatigen Traegers, schalten Sie den Grill mit dem

Bedienfeld ein, wählen Sie "Rauch" auf dem Temperaturrad,

oder stellen Sie die Temperatur auf 225°F ein und lassen Sie

ihn mindestens 5 Minuten vorheizen.

2.In der Zwischenzeit, Nieselöl auf beiden Seiten der

Lammrippen und dann mit Rosmarin bestreuen.

3.Nehmen Sie eine tiefe Backform, legen Sie Kartoffeln in sie,

fügen Sie Butter und mischen, bis beschichtet.

4.Wenn der Grill vorgeheizt ist, öffnen Sie den Deckel, legen

Lammrippen auf den Grill rostzusammen mit Kartoffeln in

der Backform, schließen Sie den Grill, und rauchen Sie für 3

Stunden, bis die Innentemperatur 145°F erreicht.

5.In den letzten 20 Minuten Spargel in die Backform geben

und nach getaner Zeit die Backform vom Grill nehmen und

Lamm auf ein Schneidebrett geben.

6.Lamm 15 Minuten ruhen lassen, in Scheiben schneiden und

dann mit Kartoffeln und Spargel servieren.

Ernährung:

- Kalorien: 355

- Fett: 12,5 g

- Kohlenhydrate: 25 g

- Protein: 35 g

- Faser: 6 g

Vorspeisen und Seiten

Easy Grilled Corn

Zubereitungszeit: 5 Minuten

Kochzeit: 40 Minuten

Portionen: 6

Zutaten:

•6 frische Maisohren, noch in der Schale

•Pfeffer, Salz und Butter

Wegbeschreibungen:

1.Heizen Sie Ihren Traeger-Grill auf 375-400°F vor.

2.Schneiden Sie die große Seidenkugel von der Maisplatte und alle hängenden oder lose Schale Stücke.

3.Stellen Sie den Mais direkt auf Ihren Grillrost und schälen Sie die Schale nicht ab.

4.Grill für ca. 30-40 Minuten. Ein paar Mal umdrehen, um rundherum gleichmäßig zu grillen.

5.Transfer den Mais auf einem Teller, servieren, und lassen Sie die Gäste ihre eigenen schälen.

6.Jetzt mit Pfeffer, Salz und Butter aufstocken.

7.Genießen Sie!

Ernährung:

- Kalorien: 77 Fett: 1g

- Gesättigtes Fett: 1g Kohlenhydrate: 17g

- Netto Kohlenhydrate: 15g Protein: 3g Zucker: 6g

- Faser: 2g Natrium: 14mg

- Kalium: 243mg

Gewürzte Kartoffeln auf Smoker

Zubereitungszeit: 10 Minuten

Kochzeit: 45 Minuten

Portionen: 6

Zutaten:

• 1-1/2 Lb. Rahmkartoffeln

• 2 EL Olivenöl

• 1 EL Knoblauchpulver

• 1/4 EL Oregano

• 1/2 EL Thymian, getrocknet

• 1/2 EL Petersilie, getrocknet

Wegbeschreibungen:

1.Heizen Sie Ihren Traeger-Grill auf 350°F vor.

2.Sprühen Sie eine 8x8-Zoll-Folienwanne mit Antihaftspray.

3.Mischen Sie alle Zutaten in der Pfanne und legen Sie es in den Grill.

4.Kochen Sie für etwa 45 Minuten, bis Kartoffeln fertig sind.

Nach 15 Minuten umrühren.

5.Serve und genießen!

Ernährung:

• Kalorien: 130 Fett: 4g

• Gesättigtes Fett: 2g Kohlenhydrate: 20g

• Netto Kohlenhydrate: 18g Protein: 2g

• Zucker: 2g Ballaststoffe: 2g

• Natrium: 7mg Kalium: 483mg

Atomic Buffalo Turds

Zubereitungszeit: 30-45 Minuten

Kochzeit: 1,5 Stunden bis 2 Stunden

Portionen: 6-10

Empfohlene Traeger: Hickory, Mischung

Zutaten:

• 10 Mittlerer Jalapeno-Pfeffer

• 8 Unzen normaler Frischkäse bei Raumtemperatur

• 3/4Cup Monterey Jack und Cheddar Cheese Blend Shred
(optional)

• 1 TL geräucherter Paprika

• 1 TL Knoblauchpulver

• 1/2 TL Cayennepfeffer

• TL Paprikaflocken (optional)

• 20 rauchige Würste

• 10 Scheiben Speck, halbiert

Wegbeschreibungen:

1.Wear Food Service Handschuhe bei der Verwendung.
Jalapeno Paprika werden vertikal gewaschen und in Scheiben
geschnitten. Entfernen Sie die Samen und Venen vorsichtig
mit einem Löffel oder einem Schneidmesser und entsorgen Sie
sie. Jalapeno auf ein gegrilltes Gemüsetablett legen und
beiseite stellen.

2.In eine kleine Schüssel, mischen Frischkäse, geschredderten
Käse, Paprika, Knoblauchpulver, Cayennepfeffer, wenn
verwendet, und Paprika Flocken, wenn verwendet, bis
gründlich gemischt.

3.Mix Frischkäse mit der Hälfte des Jalapeno-Pfeffers.

4.Legen Sie die Little Smokies Wurst auf die Hälfte des
gefüllten Jalapeno-Pfeffers.

5.Wrap die Hälfte des dünnen Speck um die Hälfte jedes
Jalapeno Paprika.

6.Fix den Speck auf die Wurst mit einem Zahnstocher, so dass
der Pfeffer nicht durchbohrt. Legen Sie das ABT auf das
Grilltablett oder die Pfanne.

7.Stellen Sie den Traeger Rauchergrill für indirektes Kochen

und vorheizen Sie auf 250°F mit Hickory Traegers oder

Mischungen.

8.Suck jalapeno Paprika bei 250°F für etwa 1,5 bis 2 Stunden,

bis der Speck gekocht und knusprig ist.

9.Entfernen Sie das ABT vom Grill und lassen Sie es für 5

Minuten vor Hors d'oeuvres ruhen

Ernährung:

• Kalorien: 334

• Kohlenhydrate: 14g

• Protein: 22g

• Fett: 28g

Gebratene Tomaten

Zubereitungszeit: 10 Minuten

Kochzeit: 3 Stunden

Portionen: 2 bis 4

Zutaten:

•3 reife Tomaten, groß

•1 EL schwarzer Pfeffer

•2 EL. Salz

•2 TL. Basilikum

•2 TL. Zucker

•Öl

Wegbeschreibungen:

1.Legen Sie Pergamentpapier auf ein Backblech. Den Grill mit geschlossenem Deckel auf 225F vorheizen.

2.Entfernen Sie die Stiele von den Tomaten. Schneiden Sie sie in Scheiben (1/2 Zoll).

3.In einer Schüssel Das Basilikum, Zucker, Pfeffer und Salz kombinieren. Gut mischen.

4.Pour Öl auf einer Platte. Die Tomaten (nur eine Seite) in das

Öl tauchen.

5.Staub jede Scheibe mit der Mischung.

6.Grill die Tomaten für 3 Stunden.

7.Serve und genießen! (Sie können es mit Mozzarella-Stücken

servieren).

Ernährung: Kalorien: 40 Protein: 1g gCarbs: 2g Fett: 3g

Traditionelle Rezepte

Gegrillter Schwertfisch

Zubereitungszeit: 10 Minuten

Kochzeit: 18 Minuten

Portionen: 4

Zutaten:

• Schwertfischfilets – 4

• Salz – 1 EL.

• Gemahlener schwarzer Pfeffer – 3/4 EL.

• Olivenöl – 2 EL.

• Ähren – 4

• Kirschtomaten – 1 Pint

• Cilantro, gehackt – 1/3 Tasse

• Mittelrote Zwiebel, geschält, gewürfelt – 1

• Serrano-Pfeffer, gehackt – 1

• Kalk, Saft – 1

• Salz – 1/2 TL.

• Gemahlener schwarzer Pfeffer – 1/4 TL.

Wegbeschreibungen:

1.In der Zwischenzeit Filets zubereiten und dafür mit Öl

bürsten und dann mit Salz und schwarzem Pfeffer

abschmecken.

2.Bereiten Sie den Mais, und dafür, bürsten Sie mit Olivenöl

und würzen sie mit 1/4 TL je Salz und schwarzem Pfeffer.

3.Wenn der Grill vorgeheizt ist, legen Sie Filets auf dem

Grillregal zusammen mit Mais und Grill Mais für 15 Minuten,

bis hellbraun und Filets für 18 Minuten, bis Gabel zart.

4.Wenn Mais gegrillt hat, schneiden Sie die Kerne daraus,

legen Sie sie in eine mittlere Schüssel, fügen Sie die restlichen

Zutaten für die Salsa hinzu und rühren Sie, bis sie gemischt

werden.

5.Wenn Filets gegrillt haben, teilen Sie sie gleichmäßig unter

teller, top mit Maissalsa und dann servieren.

Ernährung:

- Kalorien: 311;

- Fett: 8,8 g;

- Gesättigtes Fett: 1,2 g;

- Faser: 3 g;

- Protein: 45 g;

- Zucker: 1,3 g

- Kohlenhydrate: 11 g;

Lamm Kebabs

Zubereitungszeit: 15 Minuten

Kochzeit: 10 Minuten

Portionen: 4

Zutaten:

Traegers: Mesquite

•1/2 EL Salz

•2 EL frische Minze

•3 lbs. Lammbein

•1/2 Tasse Zitronensaft

•1 EL Zitronenschale

•15 Aprikosen, entsteint

•1/2 EL Koriander

•2 TL schwarzer Pfeffer

•1/2 Tasse Olivenöl

•1 TL Kreuzkümmel

•2 rote Zwiebeln

Wegbeschreibungen:

1.Kombinieren Sie das Olivenöl, Pfeffer, Zitronensaft, Minze, Salz, Zitronenschale, Kreuzkümmel und Koriander. Lammbein hinzufügen, dann über Nacht in den Kühlschrank stellen.

2.Entfernen Sie das Lamm aus der Marinade, würfeln Sie es und fädeln Sie dann mit den Aprikosen und Zwiebeln auf den Spieß.

3.Wenn sie bereit zum Kochen sind, drehen Sie Ihren Raucher auf 400F und heizen Sie vor.

4.Legen Sie die Spieße auf den Grill und kochen für zehn Minuten.

5.Entfernen Sie vom Grill und servieren.

Ernährung:

- Kalorien: 50

- Kohlenhydrate: 4g

- Faser: 2g

- Fett: 2.5g

- Protein: 2g

Lightning Source UK Ltd.
Milton Keynes UK
UKHW021320290721
387966UK00001B/45